VENTE

Alexandre COLIN

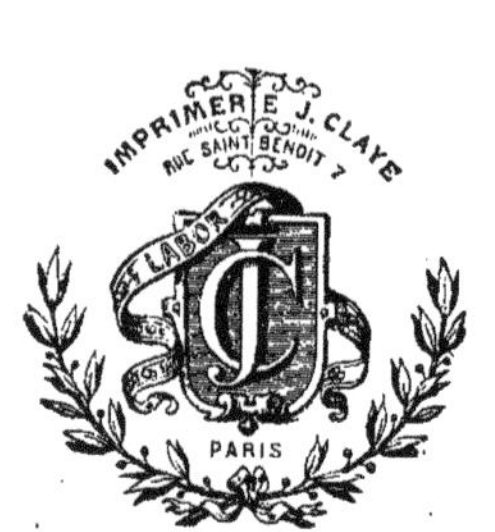

IMPRIMERIE J. CLAYE
RUE SAINT-BENOIT 7
LABOR
PARIS

CATALOGUE

DES

TABLEAUX

ET COPIES

PAR

Alexandre COLIN

PEINTRE D'HISTOIRE, CHEVALIER DE LA LÉGION D'HONNEUR

ET

TABLEAUX ANCIENS ET MODERNES

MEUBLES ANCIENS, ARMES, PORCELAINES, FAIENCES

COSTUMES, ÉTOFFES, OBJETS DIVERS

QUI GARNISSAIENT SON ATELIER

DONT LA VENTE AURA LIEU

PAR SUITE DE SON DÉCÈS

HOTEL DROUOT, SALLE N° 1

Le Mercredi 2 Février 1876

A DEUX HEURES PRÉCISES

ET LES TROIS JOURS SUIVANTS

PAR LE MINISTÈRE DE **Me BOUSSATON**, COMMISSAIRE-PRISEUR

39, rue de la Victoire

ASSISTÉ DE M. FÉRAL, PEINTRE-EXPERT, 54, FAUBOURG MONTMARTRE

ET DE M. MANNHEIM, EXPERT, 7, RUE SAINT-GEORGES

EXPOSITIONS

PARTICULIÈRE	PUBLIQUE
Le Lundi 31 Janvier 1876	Le Mardi 1er Février 1876
DE 1 HEURE A 5 HEURES	DE 1 HEURE A 5 HEURES

CONDITIONS DE LA VENTE

Elle sera faite au comptant.

Les adjudicataires payeront cinq pour cent en sus des enchères, applicables aux frais.

ORDRE DES VACATIONS

Le mercredi 2 février : **Meubles anciens et Curiosités.**
Les jours suivants : **Tableaux.**

NOTA

La Vente des Estampes, Gravures et Dessins aura lieu les mardi 8 et mercredi 9 février, salle n° 5 ;

Et celle de la Bibliothèque, le jeudi 10 février, même salle.

CE CATALOGUE SERVIRA DE CARTE D'ENTRÉE

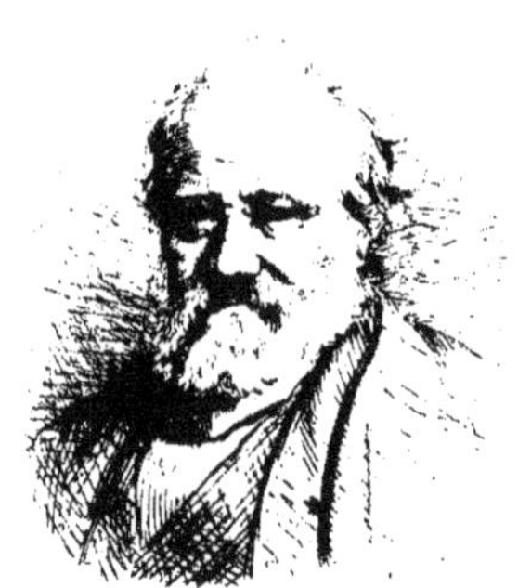

A. Colin

Imp. Cadart

ALEXANDRE COLIN

Alexandre-Marie Colin, né à Paris le 5 décembre 1798, y est mort le 21 novembre 1875.

Avant d'entreprendre le récit d'une carrière consacrée tout entière au travail et à la peinture, il est essentiel d'établir aussi brièvement que possible la généalogie d'une famille qui, par le nombre et le mérite de ses membres, occupe une place distinguée dans l'art contemporain et dont notre artiste était le chef respecté.

Alexandre Colin aimait à rappeler des liens de parenté qui le rattachaient à plusieurs artistes notables du siècle dernier, notamment à Simon Challes[1], sculpteur, à Michel-Ange Challes, dessinateur du cabinet du roi, et enfin au dernier des Drouais, l'élève chéri de David, mais je n'ai pu établir les preuves authentiques de cette tradition.

A. Colin descendait réellement d'une famille bourgeoise, établie depuis longtemps à Paris. Des cinq enfants de Hubert Colin, son père, deux seulement se livrèrent aux arts, Alexandre et Paul. Ce dernier, sculpteur distingué, mourut à Nîmes, où il était depuis de longues années professeur de dessin et de sculpture à l'École de la ville.

1. Les portraits des frères Challes figurent dans la vente.

Un premier mariage, contracté fort jeune, donna à Alexandre Colin quatre filles qui occupent une place honorable parmi les artistes contemporains, par leur propre talent d'abord, puis par leur mariage et leurs enfants.

L'aînée, Héloïse Colin, se fit remarquer aux expositions par ses portraits en miniature, et obtint une médaille en 1844. Elle avait épousé M. A. Leloir, peintre d'histoire. La seconde, Anaïs Colin, veuve de M. Toudouze, architecte distingué, partagea les succès de sa sœur.

M. et Mme Leloir eurent deux fils : Louis Leloir, qui occupe une des premières places parmi les artistes de sa génération, et Maurice Leloir, peintre comme son frère. Le plus jeune fils de Mme Toudouze, prix de Rome, est encore pensionnaire de l'Académie, et sa fille, Mlle I. Toudouze, a déjà exposé plusieurs fois. La troisième fille de notre artiste, Laure Collin, aquarelliste de talent, a épousé M. G. Noël, qui s'est fait une réputation par ses peintures sur faïence. La dernière sœur a épousé M. Malibran. D'un second mariage, A. Colin n'a eu qu'un fils, M. Paul Colin, peintre de paysage, qui vient de remplacer son père comme professeur de dessin à l'École polytechnique.

Avant d'entrer dans le détail de la carrière si laborieuse et si bien remplie d'Alexandre Colin, ne convenait-il pas, pour mieux faire connaître l'artiste auquel cette notice est consacrée, de nous arrêter un instant sur cette famille, où le talent se transmet de génération en génération, comme le plus précieux des héritages ? N'est-ce pas, en effet, un titre d'honneur, que d'avoir su élever une aussi nombreuse famille dans l'amour et le culte de l'art ?

Entré fort jeune dans l'atelier de Girodet, A. Colin se signala bientôt par son extrême facilité et ses aptitudes variées ; aussi ne tarda-t-il pas à devenir le camarade et l'ami de tous ceux qui se préparaient alors à livrer la grande bataille du romantisme. De cette époque il nous reste un souvenir précieux ; c'est une lithographie où le jeune peintre a réuni ses camarades d'atelier. Au sommet apparaît comme le président naturel de cette juvénile assemblée, le maître, Girodet-Trioson.

C'est dans le cours de ces belles années de jeunesse et de luttes ardentes que A. Colin se lia avec trois peintres qui occupent les premières places dans l'art contemporain. Eug. Delacroix était à peu près de son âge; en sortant de l'atelier de Guérin, n'avait-il pas passé quelques mois dans celui de Girodet? Sans entretenir des relations assidues, les deux artistes contractèrent une de ces liaisons de jeunesse qui ne cessent qu'avec la vie. Les lettres de Delacroix que nous avons sous les yeux nous offrent sur ce point d'irrécusables témoignages. Peu d'années avant sa mort, en 1861, Eug. Delacroix écrivait à son vieux camarade : « J'ai conservé un bien vif souvenir, mon cher ami, des temps, hélas ! bien éloignés, où nous nous sommes vus dans des circonstances nombreuses, entre autres en Angleterre. C'est une des époques de ma vie que je me rappelle avec le plus de plaisir, et de vous particulièrement. » Si nous ne craignions d'allonger outre mesure cette notice, nous pourrions multiplier les citations, et prouver qu'une certaine conformité de goûts et d'idées avait créé entre les deux peintres une sympathie plus étroite que celle qui survit à une ancienne camaraderie d'atelier. C'est ce qui donne à nos yeux un intérêt tout particulier aux lettres de Delacroix, qu'A. Colin avait précieusement conservées. J'ai vu dans ses cartons un portrait du maître, exécuté vers 1827 ou 1830, et qui a dû être fort ressemblant, car on y retrouve tous les traits caractéristiques des derniers portraits d'Eug. Delacroix. On peut en juger d'ailleurs d'après la reproduction en fac-simile gravée par M. P. Colin, et qui accompagne cette notice.

Géricault, un peu plus âgé que Colin et que Delacroix, était alors dans tout l'éclat de son talent et de sa réputation. A. Colin eut occasion de voyager avec lui; il le suivit en Angleterre, et

se chargea même de dessiner, quand il exposa à ses risques et
périls le *Naufrage de la Méduse*, la lithographie qui se distribuait
à la porte de la salle d'exposition. On n'a pas oublié la série de
fac-simile que plusieurs amateurs chargèrent, il y a quelques
années, A. Colin d'exécuter d'après les plus beaux dessins du
maître. Notre artiste avait possédé lui-même un grand nombre de
dessins de Géricault acquis à la vente après décès. Quand il se
sépara, à son grand regret, d'une partie de ces dessins, il voulut
garder du moins un souvenir de cette précieuse collection, et il
exécuta avec un soin pieux une série de calques d'après tous les
dessins qu'il avait possédés lui-même ou qui lui avaient été confiés. On comprend tout le prix et tout l'intérêt d'un semblable
recueil. Il serait bien à souhaiter que cette suite unique trouvât
un asile définitif dans une de nos grandes collections publiques.

Parmi les amis de ces années de jeunesse, il n'en est pas un
peut-être avec lequel A. Colin ait vécu sur le même pied d'intimité qu'avec Bonington. Quand Bonington, encore jeune et
inconnu, vint demander à la France l'emploi de son talent, il ren-
contra A. Colin, qui s'éprit bien vite d'une véritable passion pour
cette riche et sympathique nature.

Des voyages faits en commun établirent entre les deux artistes d'étroites relations; il nous en reste de précieux témoignages dans les lettres de Bonington.

Quand M. A. Bouvenne a voulu faire reproduire un fac-simile
de l'écriture du jeune maître anglais, il ne trouva qu'une lettre
adressée à Alex. Colin. Mais la lettre publiée par M. Bouvenne est
bien insignifiante, surtout à côté de celles que notre artiste con-
servait comme un véritable trésor. Plusieurs de ces lettres étaient
couvertes à chaque page de croquis charmants, lestement impro-
visés à la pointe de la plume, où se reconnaît néanmoins la dis-
tinction et la grâce du grand artiste. Sans doute, Bonington
éprouvant quelque embarras à employer une autre langue que sa

langue maternelle, ne trouvait rien de mieux pour sortir d'affaire, que de remplir sa feuille de papier avec un bout de paysage, un groupe de bateaux aperçu de sa fenêtre, ou la vue d'une plage. Faute de pouvoir ici donner une idée de ces délicieuses fantaisies, dont plusieurs ont été reproduites en fac-simile dans *l'Art* du 9 janvier, contentons-nous de citer un billet d'une grâce singulière avec ses incorrections grammaticales, billet écrit à la suite d'une de ces brouilles passagères qui viennent troubler parfois les plus solides amitiés : « J'étais étonné, non de recevoir de tes lettres, car tu n'as fait que prendre les devants avec moi à cet égard, mais de me voir accusé de manquer si terriblement à une amitié qui, j'espérais, sera de plus longue durée. Je n'ignore pas que j'ai mes défauts comme tout le monde, peut-être plus, mais je ne peux deviner ce qui a pu motiver vos accusations. Je te prie de croire que le parti que tu as pris, *fait bien*, *bien* de la peine à celui qui a toujours été votre ami. — *R. P. Bonington* [1]. » Cette lettre porte la date du 14 décembre 1825. On était jeune alors, plein d'espoir et d'ardeur, riche d'illusions et d'enthousiasme. Une troisième personne partageait l'intimité des deux artistes. Je veux parler de M. Charles Rivet, depuis préfet, conseiller d'État, puis député, mais qui alors s'occupait presque exclusivement de beaux-arts; après avoir suivi A. Colin et Bonington dans le nord de la France, M. Rivet devait emmener le dernier en Italie et visiter avec lui Venise.

Tous ces détails, que j'ai entendu raconter par le dernier survivant des trois amis, paraîtront peut-être futiles à quelques lecteurs; mais n'ont-ils pas leur charme et aussi leur intérêt? Et qui les sauverait de l'oubli, si je ne les recueillais ici?

A. Colin aimait à revenir sur ces belles années de sa jeu-

---

1. Cette lettre, ainsi que toutes celles que A. Colin avait reçues de Bonington, fait partie de sa vente.

nesse; et avec quel charme il évoquait alors ces souvenirs du temps où il comptait parmi ses camarades d'atelier Robert Fleury, Édouard Bertin, Devéria, Marin Lavigne, Lancrenon et tant d'autres! Tous ceux qui l'ont vu et entendu dans un de ces transports d'enthousiasme que lui causait le souvenir de ces années de jeunesse, n'oublieront jamais l'ardeur communicative et la sympathique éloquence qui rajeunissaient alors l'aimable vieillard et rendaient sa conversation si attachante.

Après avoir essayé de donner une idée du milieu dans lequel a vécu celui dont nous esquissons la biographie, nous le suivrons maintenant pas à pas dans les diverses phases de sa carrière d'artiste. Non que nous ayons l'intention d'énumérer année par année le nombre vraiment considérable de tableaux peints par notre artiste, ou seulement ceux qui figurèrent aux salons officiels. Ce travail ingrat a déjà été fait dans un livre accessible à tout le monde. Em. Bellier de la Chavignerie, dans son *Dictionnaire des Artistes français*, donne la liste complète des œuvres d'A. Colin exposées depuis le Salon de 1819, où il débuta à vingt ans avec un portrait de femme, jusqu'en 1868, date de la publication du Dictionnaire. Il est facile de compléter la liste en recourant aux livrets des Salons de 1869 et des années suivantes, jusqu'en 1875 ; ces dernières expositions n'ont pas d'ailleurs assez d'importance dans l'ensemble de l'œuvre pour que nous y insistions davantage.

De 1819 à 1875, pendant une période de cinquante-six années, A. Colin est resté constamment sur la brèche, exposant à tous les Salons, alors même qu'il était absent de Paris et établi en province. Dès ses débuts, il entre résolûment dans la voie qu'il devait suivre toute sa vie, non sans honneur. S'il abandonne les grands sujets historiques, il montrera plus d'une fois qu'il était capable, tout comme un autre, de se mesurer avec de vastes compositions; mais il s'attache de préférence aux scènes gracieuses et montre, dès les premières années, une prédilection marquée pour les sujets de genre, empruntés aux mœurs des paysans de la France ou des peuples éloignés, ou bien encore tirés do la Fable et de l'histoire. En même temps il exposait des portraits. Ses premiers envois furent remarqués; dès 1824, il obtenait une médaille de deuxième classe. Il avait envoyé six tableaux dont un portrait et cinq sujets tirés de la vie des pêcheurs de la côte normande.

Un voyage en Italie, accompli vers cette époque, fournit au peintre de nouveaux motifs pour l'exposition de 1827 et des années suivantes. A celle de 1831, il obtenait une nouvelle médaille; il avait exposé notamment deux portraits d'un ami d'enfance, J.-G. Farcy, dont le rôle et la destinée tragique aux journées de Juillet venaient de produire une profonde et douloureuse sensation. A. Colin était lié d'une étroite amitié avec la malheureuse victime de la révolution et il avait voulu, dans ce double portrait, rendre un dernier et public hommage à une mémoire vénérée. Il avait toujours conservé le portrait en pied peint après la mort de son ami et les longues et cordiales lettres qu'il avait reçues de lui dans le cours de ses voyages. Au Salon de 1831, notre artiste avait aussi exposé, parmi d'autres tableaux, un *portrait de M. Cousin* et *Un Pêcheur mort trouvé par des pêcheuses*, aujourd'hui au musée d'Arras.

Peu de temps après la chute de la branche aînée, Al. Colin fut attiré à Nîmes par son ancien ami, M. Ch. Rivet, devenu préfet du Gard. On l'appelait pour diriger l'école de dessin de la ville. Tout en remplissant assidûment les nouvelles fonctions qui lui étaient confiées, et en cherchant à communiquer à ses élèves par les exemples et les paroles [1] une étincelle de sa généreuse ardeur, il ne cessa de prendre une part active aux expositions

---

1. Les journaux de la localité reproduisirent plusieurs discours prononcés par A. Colin à l'école de dessin, et parmi lesquels je remarque un éloge de Ingres.

parisiennes. Au Salon de 1833, il ne comptait pas moins d'une douzaine de tableaux et, en outre, des dessins, des aquarelles. De 1834 à 1838, même activité; portraits, scènes historiques, sujets de genre se succèdent rapidement dans l'atelier de l'artiste. Parmi ces toiles quelques-unes, d'une réelle importance, attirèrent l'attention et furent reproduites dans les magasins illustrés du temps. Le musée de Nîmes a gardé plusieurs tableaux de l'artiste qui fut pendant plusieurs années à la tête de l'école de dessin de la ville : *Sara la baigneuse, Station de gitanos près le pont du Gard* (1835), *François Ier visitant les monuments anciens de Nîmes* (1836).

Un deuil cruel, la mort de sa première femme, décida Al. Colin à quitter la ville où il avait cru s'établir pour le reste de ses jours. Il revint à Paris en 1838; deux ans avant son départ, il avait attiré auprès de lui ce frère cadet, le sculpteur Paul Colin, sur la jeunesse et l'éducation duquel il avait veillé avec une sollicitude toute paternelle. En 1836, Paul Colin[1] avait été chargé de former et de diriger une classe de sculpture et de dessin d'ornement; quand son frère voulut quitter la ville qui ne lui rappelait que d'amers souvenirs, le sculpteur le laissa partir seul et continua à exercer jusqu'à la fin de sa vie les fonctions de professeur à l'école de dessin de Nîmes, tout en exécutant différents travaux de sculpture dans les églises, les édifices publics et les maisons particulières de la ville.

L'année 1840 marque en quelque sorte l'apogée de la carrière et de la réputation d'A. Colin. En effet, cette année-là, une médaille de première classe constatait le succès que ses tableaux avaient obtenu au Salon. Avec une Madone, un portrait et plusieurs scènes de ce genre, il exposait un sujet allégorique, la

1. Voyez dans l'*Histoire des artistes du département du Gard,* par Michel Nicolas, in-12, 1859, la notice détaillée consacrée aux travaux de P. Colin, à Nîmes.

Bonne Conscience, et une grande composition religieuse, la *Résurrection du Christ*. A partir de cette époque, l'attention publique fut attirée par les scènes ingénieuses que le talent souple et varié du peintre empruntait aux mœurs et aux costumes des nations éloignées et des peuples encore sauvages. La gravure a rendu ces tableaux populaires; qui ne se rappelle les *Femmes d'Otaïti* ou les sujets italiens, d'après A. Colin, publiés dans le *Magasin pittoresque?*

Au Salon de 1843, notre peintre commençait une série de compositions sur un sujet qui lui a porté plus d'une fois bonheur. Il avait entrepris de représenter l'épopée de Christophe Colomb, en la résumant dans ses épisodes les plus saillants. Il peignit successivement *Christophe Colomb exposant ses projets devant le conseil de Salamanque* (1843) ; *la Découverte du Nouveau Monde par Christophe Colomb* (1844) ; un autre sujet analogue, réexposé en 1855, la *Première Arrivée de Christophe Colomb en Espagne* (1857), et sa *Réception par Ferdinand et Isabelle à Barcelone* (1861). Je ne puis énumérer ici toutes les toiles importantes exécutées par notre artiste jusqu'à la dernière année de sa vie ; je me contenterai de signaler certaines peintures placées dans des musées ou dans des édifices publics, et qui ont, par ce fait même, une importance exceptionnelle dans l'œuvre que nous analysons. Dans les églises de Paris, A. Colin a peint un *Saint Germain* à Saint-Germain-des-Champs (1841), la décoration de la chapelle Saint-Nicolas, à Saint-Roch (1851), et un *Saint Dominique visitant saint Francois*, dans la chapelle des Capucins (1853). Le musée d'Avignon a de lui un portrait d'*Esprit Fléchier*, évêque de Nîmes (1837), et le musée de Versailles dix ou douze portraits exécutés pour la plupart d'après les originaux du château d'Eu. Des sujets historiques décorent les salons du grand Trianon et du Corps législatif.

Lorsqu'il quitta la ville de Nîmes, A. Colin était venu s'établir définitivement à Paris avec sa nouvelle famille. Mais son ardente activité ne s'accommodait pas de cette vie sédentaire ; nous l'avons vu pendant les années de sa jeunesse aller étudier dans leur pays les maîtres italiens et les coloristes anglais qui venaient d'être révélés à la France. En 1847, il repartait pour l'Italie, bien décidé cette fois à faire connaissance avec les régions les plus reculées et jusque-là les moins accessibles. Après avoir parcouru les villes en quelque sorte classiques du Nord et du Centre, il passa en Sicile. Une pareille expédition ne laissait pas d'avoir ses dangers. S'il rapporta une ample moisson d'études et de croquis, A. Colin eut beaucoup à souffrir des difficultés du voyage et contracta même une maladie dont les suites le firent longtemps souffrir.

Il retourna une dernière fois à Venise vers 1865, et rapporta de cette excursion une suite d'esquisses et de copies d'après les maîtres vénitiens qui obtinrent un grand succès auprès des amateurs et des artistes. La longue étude qu'A. Colin avait faite du style et du coloris des grands maîtres, son aptitude toute particulière à saisir le caractère de chacun d'eux, l'extrême souplesse de son pinceau pour rendre les génies les plus différents, donnent aux nombreuses copies qu'il a laissées une grande valeur. Tour à tour Raphaël, Velazquez, Rubens, Zurbaran, Titien, Véronèse, Watteau, Boucher, posent devant lui, et l'habile artiste sait exprimer tour à tour la qualité maîtresse de chacun, la grandeur ou la grâce, la puissance ou le charme. Il est telle de ces copies qui pourraient tromper l'œil le plus exercé et passer pour des originaux, si on ne savait d'ailleurs où l'artiste a été prendre ses modèles.

Ce talent exceptionnel fut mis à contribution par l'État en deux circonstances qu'il faut rappeler ici. En 1860, A. Colin était chargé d'aller exécuter à Madrid, d'après le célèbre tableau de Velazquez, les *Fileuses*, une copie de la taille de l'original. Il partit avec son camarade d'enfance, Jules Boilly, et après s'être acquitté de sa mission, exécuta pour son propre compte, d'après les chefs-d'œuvre de Murillo, de Ribera et de Velasquez une série d'esquisses, exposées un peu plus tard au boulevard des Italiens. Jamais peut-être l'artiste n'avait approché aussi près des maîtres qu'il avait pris pour modèles. La splendeur du musée de Madrid l'avait enthousiasmé ; il eût voulu emporter un souvenir de tous les chefs-d'œuvre avec lesquels il avait vécu pendant trois mois, et, jusqu'au jour de son départ, dès l'ouverture du musée il était installé devant son chevalet, travaillant sans relâche jusqu'à la dernière heure. Il avait d'ailleurs rencontré l'accueil le plus sympathique auprès du directeur, M. de Madrazo, peintre de talent, heureux de voir les chefs-d'œuvre confiés à sa garde si bien appréciés et si fidèlement rendus.

En 1871, quand on entreprit d'organiser un musée de copies d'après les chefs-d'œuvre des musées étrangers, A. Colin reçut en partage le fameux Van der Helst du musée d'Amsterdam. Nul n'était plus capable que lui de mener à bien cette immense tâche, faite pour effrayer tout autre artiste. Nous devons ajouter que notre peintre fut utilement secondé dans ce grand travail par son fils, Paul Colin. Cette copie, une des meilleures de celles qui furent exposées au Palais des Champs-Élysées, se trouve aujourd'hui à l'École des Beaux-Arts, avec la copie des *Fileuses* de Velasquez.

L'artiste rapporta de son séjour en Hollande une copie réduite du célèbre *Banquet* et plusieurs esquisses d'après les chefs-d'œuvre du musée d'Amsterdam. On va les voir une dernière fois à la vente de l'atelier d'A. Colin. Il ne nous appartient pas de faire l'éloge de ces peintures, mais on nous permettra de rappeler le jugement porté par le prince des critiques d'art, lors de l'exposition des copies de notre artiste au boulevard des Italiens.

« Ces copies, disait Th. Gautier dans un feuilleton, sont d'une extrême fidélité de sentiment et de couleur. Elles expriment, sous une forme sommaire et réduite, le maître qu'elles reproduisent, avec son tempérament, son cachet, sa saveur individuelle. Pour qui a vu, c'est une fleur de souvenir ; pour qui n'a pas vu, une note juste, une indication certaine. »

Je m'arrête ; j'ai déjà dépassé les limites d'une simple notice. Mais il m'a semblé qu'il y avait mieux à faire que de dresser une liste aride des œuvres de l'artiste, suivi d'un éloge banal. J'ai essayé de faire connaître la vie et la laborieuse carrière de celui qui fut non-seulement un artiste distingué, mais encore, comme le disait naguère un de ses plus anciens et plus fidèles amis [1], « un honnête homme dans toute la force du terme, droit, bienveillant, aimable, dévoué ; la probité et l'honneur en personne. » Tous ceux qui ont connu Alexandre Colin ratifieront, j'en ai la conviction, ce dernier hommage rendu à sa mémoire.

1. M. Charles Clément, journal des *Débats* du 29 novembre 1875.

J. G.

TABLEAUX

PAR

A. COLIN

DÉSIGNATION

TABLEAUX

PAR

A. COLIN

1. — La Bonne Conscience. Salon de 1833.

2. — La Mauvaise Conscience. Salon de 1833.

3. — Néron. Salon de 1847.

4. — Guillaume Tell. Salon de 1865.

5. — Femmes sur les dunes de Dunkerque. Salon de 1869.

6. — Adam et Ève chassés du Paradis. Salon de 1867.

7. — Roméo et Juliette. Salon de 1834.

8. — Christophe Colomb devant la cour d'Isabelle à son retour d'Amérique. Salon de 1861.

9. — Le Cid. Salon de 1869.

10. — Christophe Colomb prenant possession du nouveau monde.

11. — Satyre et Bacchante. Salon de 1866.

12. — Épisode du siége de Calais.

13. — Jésus au Jardin des oliviers. Salon de 1856.

14. — Arlésienne. Salon de 1858.

15. — Après le Naufrage. Salon de 1873.

16. — Pauvres à la porte d'un château.

17. — Masaniello sur le môle de Naples.

18. — Tête d'Indienne.

19. — Sujet *Louis XV*. Deux sujets.

20. — Odalisque grecque.

21. — Femme juive.

22. — Odalisque (grandeur naturelle). Salon de 1837.

23. — La Conspiration de Masaniello. Salon de 1848.

24. — Pêcheurs de Calais. Salon de 1864.

25.   Indiens.

26. — Brigands italiens.

27. — Odalisque et Négresse. Salon de 1849.

28. — Tivoli, paysage avec figures.

29. — Michel-Ange enfant dans le jardin Boboli. Salon de 1860.

30. — Le Grand-père. Salon de 1868.

31. — Mater dolorosa.

32. — Femme grecque jouant de la guitare.

33. — Moine en extase.

34. — Plateau des Bruyères à Saint-Omer.

35. — Femme de pêcheur et ses enfants.

36. — Sicilienne.

37. — Pêcheurs de Boulogne.

38. — Danse à Otaïti.

39. — Une Famille de Otaïti.

40. — L'Amour vainqueur.

41. — L'Amour vaincu.

42. — Repos de la Sainte Famille.

43. — Retour des cendres de Napoléon Ier; allégorie.

44. — Armes, panneau décoratif.

45. — Don Quichotte.

46. — La Femme du roi Candaule.

47. — Tête de vierge.

48. — Christophe Colomb au couvent de l'Arabida.

49. — Nature morte.

50. — Portrait de Bonington.

51. — Le Pape Pie IX.

52. — Brigands arrêtant des voyageurs.

53. — Baigneuses. Salon de 1855.

54. — Sardanapale sur son bûcher.

55. — Pêcheur au bord de l'eau.

56. — Italiens, campagne de Rome.

57. — Les Incas.

      Deux pendants.

58. — Portrait en pied de G. Farcy.

58 *bis*. — Charles IX au balcon du Louvre. Épisode de la Saint-Barthélemy.

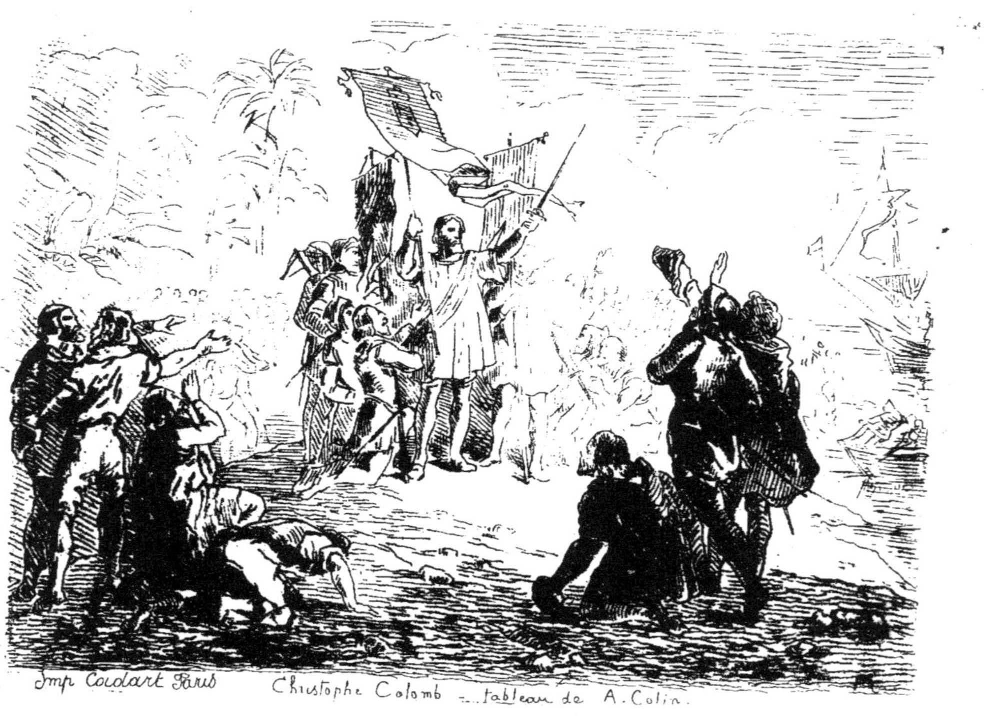
Imp Coudart Paris
Christophe Colomb — tableau de A. Colin.

ÉTUDES

ESQUISSES ET COMPOSITIONS

Par A. COLIN

72. — Perdrix.

73. — Femmes sur les dunes de Dunkerque.

74. — Hippopotame.

75. — Fleurs.

76. — Effet d'hiver.

77. — Jardin.

78. — Paysage, soleil couchant.

79. — Le Duel.

80. — Halte de Bohémiens.

80 *bis*. — Bohémiens.

81. — Pêcheurs après la pêche.

Plusieurs compositions.

82. — Nymphe et Satyre.

83. — Femme italienne.

84. — Un Berger.

85. — Jeunes Filles mauresques.

86. — Une Odalisque.

87. — Un Enfant endormi.

88. — Sujet religieux.

89. — Une Jeune Grecque.

90. — Ouvriers anglais.

Deux études.

91. — Jeunes Pêcheurs.

92. — Paysannes du Nord et du Midi.

93. — Léda.

94. — Femme du moyen âge.

95. — Femme espagnole.

96. — Les Quatre saisons.

97. — Indiens et Bayadères.

98. — Bateau à Boulogne-sur-Mer.

99. — Vue de Durham (Angleterre).

100. — Mater dolorosa.

101. — La Fuite en Égypte.

102. — Un Cheval.

103. — Descente de croix.

104. — Vue de Saint-Omer.

105. — Enfants sur une barrière.

106. — Petite rivière à Saint-Omer.

107. — Canal à Saint-Omer.

108. — Chaumière à Yport.

109. — Vue de Fécamp.

110. — Michel-Ange enfant.

111. — Turcs dans un paysage.

112. — Un Moulin.

113. — Cathédrale à Saint-Omer.

114. — Paysage. (Vue d'Italie).

115. — La Charité.

116. — Marché aux poissons.

117. — Femme italienne.

118. — Le Christ au Jardin des oliviers.

119. — Le Ravin.

120. — Étude de chien.

121. — Quatre études de paysage. (Vues de Suisse.)

122. — Jardin à Saint-Omer.

123. — Personnages florentins.

124. — Les Cinq sens.

125. — Vue de Saint-Omer.

126. — Saint-Georges.

127. — Vue prise à Yport.

128. — Faubourg de l'Isel.

129. — Grotte en Italie.

130. — Paysage.

131. — Paysage avec tour.

132. — La Lettre.

133. — Bal masqué chez Devéria.

134. — Turcs.

135. — La Vierge et l'enfant.

136. — Femme italienne mourant.

137. — Marine.

138. — Paysage. (Vue d'Italie.)

139. — Paysage. (Vue de Tivoli.)

140. — Berger et son troupeau.

141. — Chaumière.

142. — Pêcheurs.

143. — Paysage.

144. — Étude de paysage. (Environs de Saint-Omer.)

145. — Paysage.

146. — Étude en Écosse.

147. — Campagne de Rome.

148. — Roméo et Juillette.

149. — Paysans calabrais.

150. — Femmes indiennes.

151. — Bayadère.

152. — Mater dolorosa.

153. — Vue de Saint-Gothard.

154. — Paysan grec.

155. — Saint Paul.

156. — Paysage. (Vue de Suisse.)

157. — Jeune Femme. (Étude.)

158. — Femme italienne.

159. — Italien tué.

160. — Paysage.

161. — Un Ravin.

162. — Une Barricade. (Allégorie.)

163. — Masaniello.

164. — Tête de saint Jean-Baptiste.

165. — Canard sauvage.

166. — Paysage. (Vue d'Italie.)

167. — Le Ravin.

168. — Paysage. (Vue de Jersey.)

169. — La Résurrection.

170. — Troupeau de chameaux.

171. — Vue de Saint-Omer.

172. — Christophe Colomb.

173. — Vue d'un canal à Amsterdam.

174. — Vue d'Italie.

175. — Un Jardin.

176. — Femmes fellahs.

177. — Vue d'Ischia.

178. — Vue de Fontainebleau.

179. — La Vierge et l'Enfant Jésus.

180. — Christophe Colomb découvrant l'Amérique.

181. — Tête d'Arlésienne.

182. — Falaises.

183. — Vue d'Yport.

184. — Paysans bretons.

185. — Vue d'Yport.

186. — Femme d'Ischia.

187. — Bayadères.

188. — Femme sicilienne.

189. — Marine. (Italie.)

190. — Plage de Gravelines.

191. — Vue de Saint-Omer.

192. — Vue de Jersey.

193. — Le Colisée à Rome.

194. — Tête d'Indienne.

195. — Brigands italiens.

196. — Indienne.

197. — L'Amour vaincu.

198. — Marine.

199. — Portrait de Chateaubriand.

200. — Grecs.

201. — Enfants chinois.

202. — Paysage et Porte monumentale.

203. — Maisons à Ischia.

204. — L'Amour vainqueur.

205. — Tête d'Italien.

206. — Moines et Paysans. (Croquis.)

207. — Moines. (Esquisse du tableau qui se trouve à l'église
de la rue Saint-Jacques.)

208. — L'Assomption.

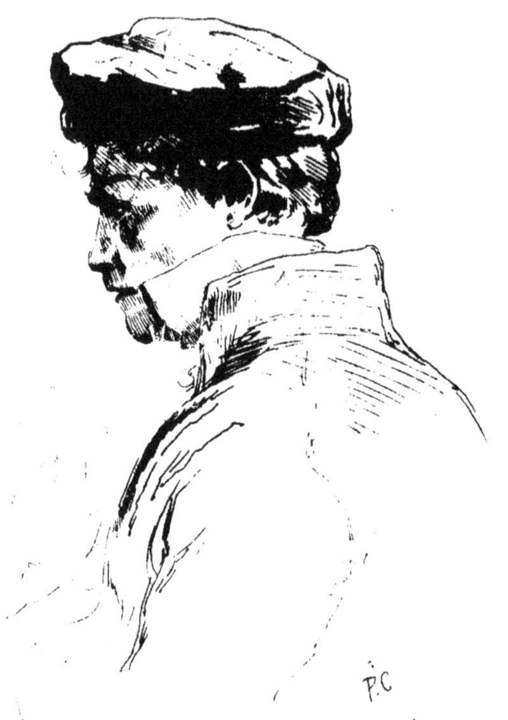

Imp Cadart   Eugène Delacroix, à 26 ans, par A. Colin

209. — Monseigneur Sibour.

210. — Néron.

211. — Paysage. (Vue de Jersey.)

212. — La Résurrection.

213. — Saint Nicolas. (Esquisses des tableaux de la chapelle
de l'église Saint-Roch.)

214. — Brigands italiens.

215. — Femme couchée.

216. — Ferme des Hogues.

217. — Sous-bois limousin.

218. — Cheval.

219. — Moulin.

220. — Bord de l'eau.

221. — Église de Saint-Omer.

222. — Canal.

223. — Pêcheuse.

224. — Chaumière.

225. — Mare.

226. — Canal avec barque.

227. — Rivière de Salperwick.

228. — Guerrier sauvage.

229. — Enfants italiens.

230. — La Vierge.

231. — Paysage napolitain. (Vue prise à Capri.)

232. — Paysage. Rivière bordée de maisons (Salperwick. Pas-de-Calais.)

233. — L'Enfant Jésus.

234. — Femme nue.

235. — Tête de Vierge.

236. — Pêcheurs de Boulogne-sur-Mer.
Deux compositions.

237. — Un Ane.

238. — Tête.

239. — Paysage.

240. — Le Rageur. (Fontainebleau.)

241. — Étude à Fontainebleau.

242. — Femme d'Ischia.

243. — Le cap Gris-Nez.

244. — Sous ce numéro seront vendues les études non cataloguées.

COPIES ET ESQUISSES
Par A. COLIN, d'après les Maîtres

ÉCOLE ITALIENNE

ANDREA DEL SARTO

245. — La Charité. (Musée du Louvre.)

246. — Sujet religieux. (Florence.)

247. — Fresque du couvent de l'Annonciata, à Florence.

248. — Tête de Jeune fille.

249. — D'après une fresque à Milan.

BONIFACIO

250. — Fragment du tableau qui se trouve à Milan.

251. — Un gentilhomme. (Milan.)

252. — Le Concert. (Fragment.)

BORDONE (Paris)

253. — L'Anneau du Doge. (Venise.)

254. — Saint Sébastien et un évêque. (Venise.)

555. — Vertumne et Pomone. (Musée du Louvre.)

BELLINI (Jean)

256. — Têtes d'homme. (Musée du Louvre.)

257. — Têtes de femme.

CALABRÈSE

258. — Saint Paul et saint Antoine. (Musée du Louvre.)

CARRACHE

259. — Jupiter et Antiope.

260. — Sainte Madeleine. (Musée du Louvre.)

CORRÉGE

261. — Ecce Homo. (Musée de Londres.)

CORRÉGE

262. — Tête de sainte. (Gênes.)

263. — La Sainte Famille et saint François. (Florence.)

264. — La Vierge. (Parme.)

FRA BARTOLOMMEO

265. — Un Saint tenant un livre. (Venise.)

FRANCIA

266. — Portrait d'homme. (Musée du Louvre.)

GIORGIONE

267. — La Mère du Titien. (A Venise.)

268. — Portrait de la mère du Titien.

GUIDO RENI

269. — Saint François en extase. (Musée du Louvre.)

LÉONARD DE VINCI

270. — L'Enfant Jésus.

MANTEGNA

271. — Saint Georges. (Musée de Florence.)

MICHEL-ANGE

272. — Fragment du Jugement dernier.

273. — La Création.
   Fragment de la fresque qui se trouve à la chapelle
Sixtine, à Rome.

274. — Fragment du Jugement dernier.

275. — Fragment de la voussure de la chapelle Sixtine.

276. — Fragment de la chapelle Sixtine.

PALMA VECCHIO.

277. — La Vierge.

278. — Saint Sébastien. (Venise.)

RAPHAEL.

279. — La Vierge au voile. (Musée du Louvre.)

280. — Vision d'Ezéchiel. (Musée de Florence.).

281. — Ève.

282. — César Borgia.

TINTORET.

283. — Le Miracle de saint Marc. (Venise.)

284. — Portrait du maître.

285. — Esquisse.

286. — Les Sénateurs. (Venise.)

287. — Une Martyre. (Musée de Venise.)

TITIEN.

288. — Caïn et sa femme. (Musée de Venise.)

289. — Portrait d'homme. (Musée du Louvre.)

290. — Portrait du maître.

291. — L'Assomption. (Venise.)

292. — Adam et Ève. (Venise.)

293. — La Présentation au temple.
Fragment du tableau de Titien qui est à Venise.

294. — Portrait d'homme. (Madrid.)

295. — Portrait.

296. — Portrait d'homme. (Musée de Munich.)

VACCARO.

297. — Sainte Agathe. (Musée de Madrid.)

VERONÈSE (Paul).

298. — Saint Marc et saint Luc. (Venise.)

299. —La Vierge. (Venise).

300. — Saint Laurent. (Venise.)

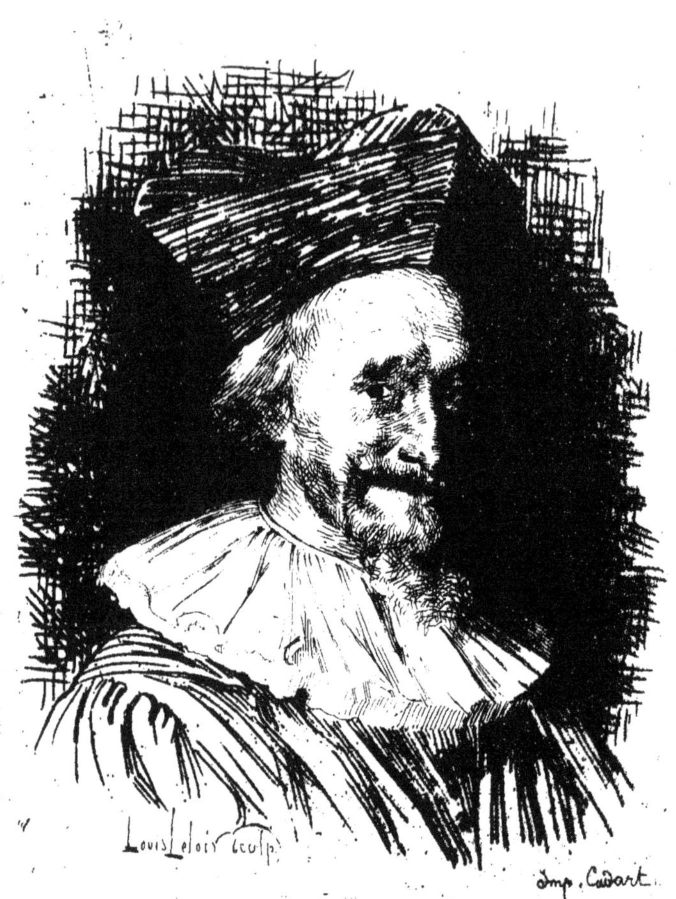
Louis Leloir sculp.
Imp. Cadart

ÉCOLES FLAMANDE ET HOLLANDAISE

HUYSMANS.

301. — Paysage.

JORDAENS.

302. — Portrait de l'amiral Ruyter. (Musée du Louvre.)

REMBRANDT.

303. — La Leçon d'anatomie. (Musée de La Haye.)

304. — La Visite au tombeau. (Musée national à Londres.)

305. — Un Rabbin. (Musée national à Londres.)

306. — Jésus au milieu des docteurs.

307. — Femme au bain.

308. — Les Syndics des drapiers. (Musée d'Amsterdam.)

309. — Sacrifice d'Abraham.

310. — Jésus prêchant.

311. — Tête d'homme. (Musée du Louvre.)

REMBRANDT

312. — Portrait de M. Six. (Amsterdam.)

313. — La Chasse au lion.

314. — Paysage.

RUBENS.

315. — La Descente de croix. (Cathédrale de Saint-Omer.)

316. — Étude d'après un tableau du musée de Munich.

317. — Portrait de femme. (Madrid.)

318. — Une Barque. (Grisaille.)

319. — Susanne entre les vieillards. (Musée de Madrid.)

320. — Torse. (Louvre.)

321. — Le Croc-en-jambe. (Musée de Madrid.)

322. — Portrait d'Hélène Fourment. (Musé de Munich.)

323. — Bethsabée au bain. (Musée de Dresde.)

324. — Une Chasse. (Musée de Madrid.)

325. — Fragment du couronnement.

326. — Fragment d'un tableau du Musée de Londres.

RUBENS

327. — L'Élévation de la croix. (Musée d'Anvers.)

328. — Chasse au sanglier. (Musée de Marseille.)

329. — Têtes.

Fragment du couronnement qui est au Musée du Louvre.

SNYDERS.

330. — Études de chiens.

Fragment d'un tableau qui est au Musée du Louvre.

TERBURG.

331. — Le Joueur de luth. (Musée du Louvre.)

VAN DER HELST.

332. — Portrait de femme. (Musée d'Amsterdam.)

333. — Banquet de la garde civique.

334. — Le Repas de la garde civique. (Musée d'Amsterdam.)

VAN DER NEER.

335. — Marine; clair de lune. (Musée national à Londres.)

VAN DYCK.

336. — Portrait de maître. (Musée du Louvre.)

337. — Les Amours. (Musée de Munich.)

338. — Le Christ mort. (Musée d'Anvers.)

339. — Musée national de Londres.

340. — Tête d'homme.

341. — Portrait du marquis de Brignolles. (Gênes.)

342. — Portrait d'un jeune homme. (Musée de Munich.)

343. — Portrait d'homme. (Musée de Munich.)

344. — Un Enfant. (Musée du Louvre.)

345. — Portrait d'homme. (Musée de Munich.)

346. — Portrait d'homme. (Musée du Louvre.)

347. — Un homme avec un chien.

348. — Portrait d'homme. (Musée de Montpellier.)

349. — Plusieurs portraits d'après le même maître.

VAN EYCK.

350. — La Vierge. (Musée de Munich.)

351. — Portrait d'homme. (Venise).

352. — La Vierge. (Musée de Munich.)

ÉCOLE FRANÇAISE

BOUCHER

353. — Sujets mythologiques.

354. — La Moisson.

355. — Panneaux décoratifs.
   Deux pendants.

356. — Vénus et Amours. (Musée du Louvre.)

357. — Amours; dessus de portes.

358. — Vénus.

359. — L'Assomption.

CHALLES

360. — Baigneuses.
   Deux pendants.

DANDRÉ-BARDON

361. — Le Christ. (Musée de Marseille.)

DAVID

362. — Portrait de Napoléon Ier.

DECAMPS

363. — Le Ravin.

DELACROIX

364. — Massacre de Scio. (Musée du Louvre.)

DORÉ (Gustave)

365. — Différents sujets tirés des romans de *Don Quichotte* et autres.

366. — Une Barque.

FRAGONARD

367. — Enfants.

368. — Vénus et des Amours.

369. — La Fontaine d'amour.

GÉRICAULT

370. — Têtes de guillotinés.

371. — Carabinier à cheval.

GIRODET

372. — Anacréon. (Deux sujets).

373. — Ondine.

GROS

374. — Murat.

> Fragment de la bataille d'Aboukir.

INGRES

375. — Personnage de la cour de Charles IX.

JACQUES

376. — Étude. Berger.

LEBRUN

377. — Vénus.

LÉOPOLD ROBERT

378. — Les Moissonneurs.

> Fragment du tableau qui est au Musée du Louvre.

379. — Femmes italiennes.

> Fragment du tableau des *Moissonneurs*. Musée du Louvre.

380. — Une Paysanne suisse.

MARILHAT

381. — Le Désert.

J.-B. MONNOYER

382. — Fleurs.

PATER

383. — Jeune Femme.

POUSSIN

384. — Figures de femme.

PRUD'HON

385. — Une Déclaration.

386. — Vénus et Amours.

387. — Le Zéphyr.

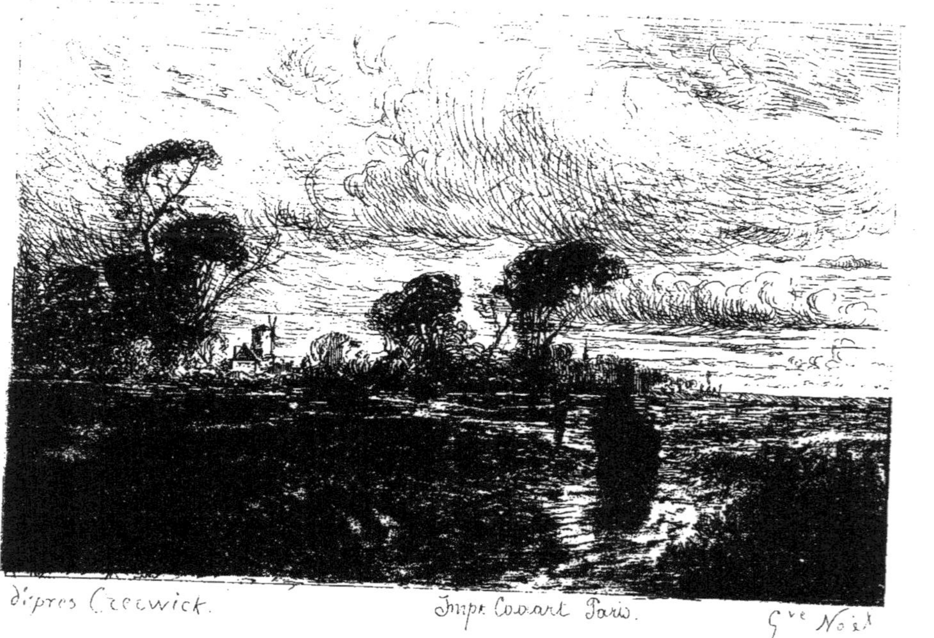

d'après Creswick.
Impr. Cadart Paris.
Gve Noël

SCHREYER

388. — Paysage russe par un temps de neige.

389. — Chevaux.

VERNET (H.)

390 — Portrait de Géricault.

VERNET (JOSEPH)

391. — Marine et Port de Mer. (Deux études.)

WATTEAU

392. — La Gamme d'amour.

393. — Déclaration.

394. — Le Rendez-vous.

395. — Conversation dans un parc.

ÉCOLE FRANÇAISE

396. — Euterpe.

397. — Plafond. (Versailles.)

ÉCOLE FRANÇAISE

398. — Amphitrite.

399. — Hercule.

400. — Amours.

Deux pendants.

401. — Enfants. (Allégorie.)

402. — Panneaux représentant des Enfants.

403. — Le Coucher.

404. — Vénus.

405. — Vénus et l'Amour.

406. — Diane au ba n.

ÉCOLE ESPAGNOLE

ALONZO CANO

407. — La Vierge et l'Enfant. (Musée de Madrid.)

MORALEZ

408. — Tête de Christ.

MURILLO

409. — Le Christ. (Musée de Madrid.)

410. — La Vierge.

RIBEIRA.

411. — Saint Antoine de Padoue. (Musée de Madrid.)

412. — Un Saint.

413. — Prêtre de Bacchus. (Musée de Madrid.)

VELASQUEZ

414. — Le Portrait de l'artiste. (Musée de Florence.)

415. — Portrait d'enfant avec un chien.

416. — Portrait de femme. (Musée de Madrid.)

417. — Portrait.

418. — Portrait de Philippe IV. (Musée de Montpellier.)

ZURBARAN

419. — Moine en prière.

420. — Un Moine écrivant.

421. — Un Moine en extase.

422. — Un Moine.

423. — Un Saint.

ÉCOLE ESPAGNOLE

424. — Une Sainte martyre.

ÉCOLE ANGLAISE

CONSTABLE

425. — Marine. (Musée du Louvre.)

426. — Paysage. (Musée du Louvre.)

CRESWICK

427. — Paysage.

FUSELLI

428. — Falstaff. (Musée de Londres.)

429. — Diablotins.

LAWRENCE

430. — Portrait de Kemble, rôle d'Hamlet. (Musée national
de Londres.)

TURNER

431. — Douze Études, paysages et marine, etc.

Ce numéro sera divisé.

ÉCOLE ANGLAISE

432. — Plusieurs Études sous le même numéro.

WINTERHALTER

433. — L'Imperatrice Eugénie.

ÉCOLE ALLEMANDE

GOLTZIUS

434. — Femmes nues.

435. — Diane.

HOLBEIN

436. — Portrait d'Érasme. (Musée du Louvre.)

437. — Portrait d'homme. (Musée du Louvre.)

OVERBECK

438. — La Vierge.

RICHTER

439. — Un Berger.

Deux pendants.

ÉCOLE ALLEMANDE

440. — Un Cavalier.

441. — Différentes Études non cataloguées.

ORIGINAUX PAR DIVERS

BONINGTON

442. — Paysage aux environs de Dunkerque.

443. — Deux études avec figures.

COIGNET

444. — Étude de vigne.

COROT

445. — Paysage; étude.

CORRÉGE (*École du*)

446. — Tête.

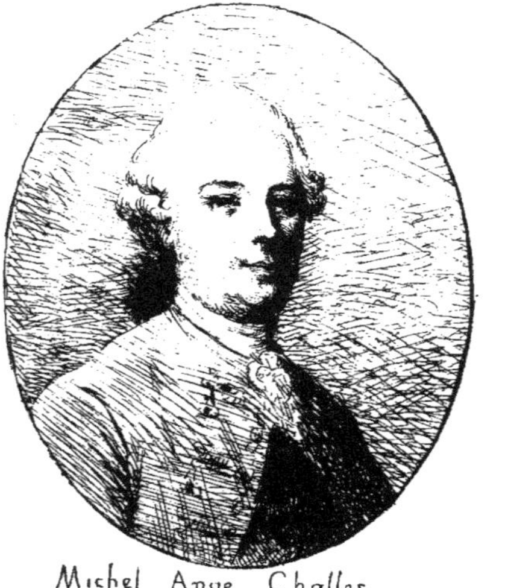

Michel Ange Challes
Simon Challes
Imp Cadart Paris

CRESWICK

447. — Soleil couchant; vue prise en Angleterre.

448. — Étude de rochers, à Fontainebleau.

DEHODENCQ

449. — Intérieur espagnol.

ÉCOLE FLAMANDE

450. — Études de mains.

451. — Un Portrait.

ÉCOLE HOLLANDAISE

452. — Tête de femme.

INCONNU

453. — La Vierge.

GILPINN (C.)

454. — Une Chasse au lièvre ; gravé.

455. — Une Chasse aux perdrix ; gravé.
Pendant du précédent.

HEIM

456. — Tête d'homme.

JALABERT

457. — Le Christ prêchant.

LANSAC (DE)

458. — Un Cheval.

LEIGHTON

459. — Fous du temps de Henri II.

CHALLES (M.)

460. — Portrait de Simon Challes (sculpteur).

461. — Portrait de M. Challes, par lui-même.

PORBUS

462. — Portrait en pied.

ROBERT FLEURY

463. — Tête de brigand italien.

ROULIN (Louis)

464. — Sujets religieux.
Deux pendants.

SCHELLINCK

465. — Repas de personnages indiens.
(Signé et daté 1671.)

SUBLEYRAS

466. — Épisode de la peste de ***.

TILLE

466 *bis*. — Figure académique.

WATTEAU

466 *ter*. — Femme avec un Chien.

MEUBLES ANCIENS

467. — Grand Bahut gothique en bois de chêne sculpté. Il offre un panneau à ogives découpées et un panneau sculpté à figures.

468. — Grand et beau Meuble à deux corps, du temps de Henri IV, à quatre portes séparées par un rang de tiroirs, en bois de noyer sculpté à mascarons, rinceaux, groupes de fruits et ornements variés. Le fronton est orné de deux cariatides ailées et d'animaux fantastiques.

469. — Jolie Crédence gothique reposant sur des pieds droits et à double rang de panneaux sculptés en ogive et portant pour la plupart un écusson armorié. Les panneaux sont séparés par des clochetons saillants.

470. — Joli Pied de meuble ou Support en forme de table en bois de noyer, à deux pieds à balustre et fond plein sculpté à paysage et figures. La frise supérieure présente des jeux d'enfants et des mascarons (xvie siècle).

471. — Petit Meuble à hauteur d'appui en bois sculpté à mascarons, mufles de lion, ornements et fruitages.

472. — Deux Colonnettes torses en bois sculpté à feuillages et chapiteaux corinthiens (xvie siècle).

473. — Très-grand Meuble à deux corps, en bois de noyer, à quatre portes et à quatre tiroirs à compartiments de montures. Il est enrichi de consoles sculptées et le fronton découpé offre à son centre une niche enrichie de colonnettes torses (xvie siècle).

474. — Joli petit Cabinet fermant à deux portes, et renfermant quantité de tiroirs en bois d'ébène richement incrusté d'ivoire. La porte centrale intérieure est ornée de demi-colonnes et de balustres. Les anneaux des tiroirs, retenus par des mufles de lion, sont en cuivre ciselé et oxydé. Travail italien du xvie siècle.

475. — Deux grands Fauteuils Louis XIII en bois tourné et sculpté, et couverts en cuir.

476. — Deux Fauteuils Louis XIII à bras, accotoirs supportés par des figurines de femmes debout.

477. — Divers autres objets du xviie siècle.

478. — Coffret à couvercle bombé en laque burgauté.

479. — Petite Glace biseautée avec cadre laqué et doré.

ARMES

480. — Casque à visière et à crête du xvie siècle, à côtes saillantes et à clous de cuivre poli rapportés.

481. — Autre Casque de forme curieuse et de même époque.

482. — Pistolet à rouet du xvi⁰ siècle, à monture et crosse
sphérique incrustées d'ivoire gravé.

483. — Mousquet à rouet, forme dite à pied de biche. La
crosse est incrustée d'or gravé, xvi⁰ siècle.

484. — Grande Epée à deux mains à garde, lame et quillons
gravés.

485. — Six Épées à garde, de formes diverses et d'époques
variées. Ce lot sera divisé.

486. — Pertuisane à lame gravée et repercée à jour, xvi⁰ siècle.

487. — Deux Gantelets à recouvrement, taillés à côtes,
xiv⁰ siècle.

488. — Pulvérin en cuir gaufré, à côtes et ornements,
xvi⁰ siècle.

489. — Vingt-cinq pièces diverses de travail oriental, telles
que Fusils, Pistolets, Yatagans, Sabres, Poi-
gnards, etc., qui seront vendus par lots.

490. — Quantité d'Armes de sauvages qui seront vendues par
lots.

PORCELAINES ET FAÏENCES

491. — Deux Potiches à couvercle en ancienne porcelaine
du Japon, à médaillons d'oiseaux et fleurs en bleu
et or.

492. — Deux Cornets de même porcelaine et de décor analogue.

493. — Joli Plat en ancienne porcelaine de Chine, à décor de fleurs. Vase et ornements en couleur et or.

494. — Divers Plats en ancienne porcelaine de Chine, à décors variés. Ce lot sera divisé.

495. — Plat rond et creux en ancienne porcelaine du Japon, à décor de fleurs en bleu, rouge et or.

496. — Potiche à pans en ancienne faïence de Delft, à décor de style chinois, en camaïeu bleu.

497. — Deux Vases en forme de gourde, à pans de même faïence et de décor analogue.

498. — Divers Vases en ancienne faïence de Delft, qui seront vendus par lots.

499. — Divers Vases, Plats, Assiettes, etc., en ancienne faïence de Chine ou du Japon, qui seront vendus par lots.

500. — Plat rond en ancienne porcelaine du Japon, à décor en bleu, rouge et or. Monture à quatre consoles en bronze doré.

OBJETS VARIÉS

501. — Cafetière de forme orientale en argent, à médaillons de fleurs ciselés en relief et dorés.

502. — Vase en bronze d'après l'antique, réduction Collas.

503. — Lot d'étoffes diverses.

504. — Petit Groupe en bronze : *les Trois Grâces,* d'après Germain Pilon.

505. — Lampe en bronze formée d'une tête de satyre, travail italien du xive siècle.

506. — Figurine en terre cuite, jeune femme nue couchée et endormie.

PARIS. — J. CLAYE, IMPRIMEUR, 7, RUE SAINT-BENOIT. — |22|

9 782329 503004